LE
PREMIER CENTENAIRE D'UN MARTYR

A LA MÉMOIRE

DE

Monsieur Pierre-Adrien Toulorge

Mis à mort, à Coutances, le 13 Octobre 1793

DISCOURS

PRONONCÉ

A LA CÉRÉMONIE DU CENTENAIRE

Dans l'église de Muneville-le-Bingard

Par Monseigneur GERMAIN, Evêque de Coutances
et Avranches.

AVRANCHES

IMPRIMERIE TYPOGRAPHIQUE ALFRED PERRIN, RUE DES FOSSÉS

—

1893

LE PREMIER CENTENAIRE D'UN MARTYR

Le dimanche 15 octobre, Monseigneur l'Evêque se rendait à Muneville-le-Bingard, pour célébrer le centième anniversaire de l'héroïque abbé Toulorge. Sa Grandeur était accompagnée de M. l'abbé Menard, chanoine titulaire, de M. l'abbé Sanson, pro-secrétaire de l'Evêché, et de M. l'abbé Laisney, secrétaire particulier. M. l'archiprêtre de Saint-Pierre, M. le curé de Saint-Nicolas de Coutances, M. le doyen de Périers, le R. P. Vautier, supérieur des Missionnaires de Notre-Dame-sur-Vire, M. le doyen de Saint-Sauveur-Lendelin, et bon nombre d'autres ecclésiastiques avaient déjà pris rang dans le cortège qui attendait l'arrivée du Prélat.

La paroisse de Muneville était là tout entière ; car la mémoire de l'abbé Toulorge est en vénération dans le pays, et l'on savait que le premier Pasteur du diocèse devait prononcer le panégyrique du Martyr.

Dès son arrivée, Monseigneur reçoit les compliments respectueux de M. le maire. Au nom du conseil municipal et de la commune, le premier magistrat de Muneville remerciait Sa Grandeur d'avoir bien voulu rehausser par sa présence l'éclat d'une fête si chère au cœur de tous les habitants.

D'ailleurs, l'arc-de-triomphe qui se dressait à l'entrée du bourg avec autant de hardiesse que d'élégance, l'avenue de pins que l'aurore matinale avait subitement fait éclore sur le passage du Prélat, l'empressement de la multitude qui se trouva compacte dès la première heure, tout cela disait assez que les sentiments du digne magistrat étaient les sentiments de tous. Sa Grandeur en exprima sa joie ; elle félicita la municipalité et les habitants pour le bon esprit et le zèle si louables dont ils donnaient la preuve.

A l'église, Monseigneur trouva des décorations superbes ; le vieux sanctuaire, restauré dans sa partie principale, était enguirlandé de verdure et de fleurs. On devinait au premier coup d'œil que des préparatifs aussi considérables appelaient d'exceptionnelles solennités : le centenaire d'un martyr et l'ouverture d'une grande Mission, sous la présidence de l'Evêque du diocèse, sont en effet pour une paroisse des évènements de premier ordre.

Après le chant du *Veni Creator*, M. le curé de Muneville prend la parole : il donne en traits rapides la physionomie de la paroisse. Il signale comme un bienfait spécial de la Providence, la bonne éducation des enfants par des maîtres chrétiens, éducation qui a été plus forte que les influences mauvaises, et qui assurera les succès de l'avenir, comme elle a triomphé dans les luttes du passé. Il ajoute avec une émotion visible :

« Il y a ici, Monseigneur, trois générations de femmes qui pourraient
» attester avec quel esprit de foi et avec quel succès notre vénérable ins-
» titutrice se livre seule, dans une classe toujours nombreuse, et depuis
» près d'un demi-siècle, aux rudes et difficiles labeurs de l'éducation.....
» C'est pour moi un besoin, dans une circonstance aussi solennelle, de lui
» payer, au nom de la population tout entière, le tribut de ma reconnais-
» sance, et, j'ose dire, de mon admiration pour un dévoûment que la
» Providence a béni d'une manière visible et dont nous espérons recueil-
» lir longtemps encore les fruits. » — Heureuses les paroisses qui possè-
dent des maîtres auxquels on peut adresser de tels éloges !

M. le curé continue l'exposé de l'état spirituel et matériel de la paroisse. Il remercie ceux dont le zèle a embelli la maison de Dieu pour ce grand jour. Il montre les prêtres et les fidèles venus pour affirmer devant notre siècle que « le souvenir de l'héroïque abbé Toulorge est toujours vivant » dans le cœur du clergé de Coutances, comme dans le cœur de ses com- » patriotes. »

Et il continue :

« C'est pour cela, Monseigneur, que nous avons hâte d'entendre cette » parole magistrale, cette voix éloquente qui a célébré tant de grandeurs » dans la France chrétienne, et qui, dans un instant, nous fera admirer » les vertus du prêtre martyr, de cet enfant de Muneville, désormais im- » mortel et que l'Eglise honorera sans doute quelque jour comme un » saint. »

Puis M. le curé annonce son dessein de placer un vitrail en souvenir de la présente fête. L'artiste y peindra cette scène admirable, où l'abbé Toulorge, sur le point de marcher à l'échafaud, présidait le chant des vêpres au milieu de quelques prêtres détenus comme lui. Un peu avant la fin des Complies, le martyr ferme son livre d'heures en disant : « C'est assez, » j'achèverai en chantant mon *Nunc dimittis* dans le ciel ! »

Ce vitrail sera le mémorial des fêtes d'octobre 1893 à Muneville-le-Bingard.

« Ainsi vivront dans la mémoire de tous les saintes et salutaires im- » pressions de ce centenaire et de la mission qui doit le suivre. Ah ! dit » en terminant le pasteur, qu'en ces jours de grâce l'âme de l'abbé Tou- » lorge passe comme un souffle de Dieu sur cette paroisse où il a lui- » même appris le secret de l'amour divin ! Qu'elle fasse tressaillir nos » cœurs, quand vous nous redirez, Monseigneur, cette vie et cette mort » par lesquelles la foi la plus généreuse a élevé un prêtre, persécuté et » condamné par des impies, jusqu'à la gloire d'un éclatant triomphe. »

Monseigneur relève aussitôt, avec son exactitude ordinaire, les plus petits détails signalés à son attention : il félicite, il encourage, il exhorte. Dès le premier instant, la foule est attentive ; on se demande ce que sera le panégyrique du héros, sur les lèvres d'un orateur qui saisit aussi vivement son auditoire avec les détails assez simples qui se rattachent à l'état général ou à l'administration d'une paroisse.

Le panégyrique si impatiemment attendu fut prononcé après l'Evangile de la messe. Personne, parmi les heureux témoins des fêtes de Muneville, n'oubliera les élans sublimes de ce discours si mouvementé. Qu'il nous a paru beau le martyr, en face de ses juges et dans sa prison, au milieu de ses compagnons de captivité, les consolant lui-même par la joie toute céleste qui débordait de son âme ! Qu'il était admirable, chantant l'office divin à deux pas de l'échafaud ! Et comme Monseigneur nous l'a montré sublime de simplicité et d'héroïsme, éclairant sa douce physionomie par les traits de feu d'une éloquence qui arrachait des larmes quand la scène de l'exécution est passée sous nos yeux !

Nous avons la pieuse satisfaction de reproduire ici le discours de Monseigneur, pour ceux qui n'ont pas eu la bonne fortune de l'entendre.

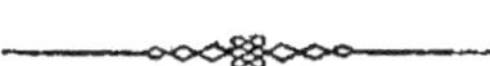

A la mémoire de Monsieur Pierre-Adrien TOULORGE

Mis à mort, à Coutances, le 13 octobre 1793

DISCOURS PRONONCÉ A LA CÉRÉMONIE DU CENTENAIRE

Dans l'église de Muneville-le-Bingard

Par Monseigneur Germain, Évêque de Coutances et Avranches

Vivent mortui tui, interfecti mei resurgent.

Vos morts vivront, ô Seigneur ; et les nôtres qui furent tués ressusciteront. *(Is. XXVI, 19).*

NOS TRÈS CHERS FRÈRES,

Il y a cent ans, le philosophisme, issu de l'hérésie protestante, levait contre la religion du Christ l'étendard de la révolte. Il versait sur nos saintes croyances le sarcasme et la dérision. Il proférait tout haut le cri des Juifs déicides : *Nous ne voulons plus qu'il règne sur nous.* Ce cri ne fut, hélas ! que trop entendu. Des hauteurs sociales il descendit rapidement dans les masses, pour y produire les fruits de malédiction et de mort.

Grand Dieu ! Quel spectacle présenta, durant ces jours à jamais lugubres, la nation très chrétienne, la fille aînée de l'Eglise ! Partout les temples fermés, les clochers muets, les statues brisées, les croix renversées. Plus de sacrements, plus de culte extérieur, le sacrifice auguste relégué dans les granges ou les souterrains, les fidèles traités en ennemis publics. Aux sophistes succèdent les bourreaux ; aux doctrines les armes ; aux déclamations l'échafaud. Les prêtres sont traqués comme des bêtes fauves, jetés dans les prisons, dans les cachots flottants : ils périssent par milliers sous la mitraille, dans les fleuves, sous le couperet de la guillotine. Dieu a disparu de la vieille terre de France ; mais avec lui, par un juste châtiment, disparaissent l'honneur, la justice, la vérité, l'ordre et la civilisation.

A cette époque néfaste, N. T. C. F., s'il y eut des défaillances, il y eut surtout du courage et de l'héroïsme.

C'est votre gloire, paroisse de Muneville, d'avoir donné le jour à un homme qui s'illustra par la simplicité, la dignité de sa vie et la vaillance de sa mort. Vous avez gardé son souvenir, N. T. C. F., avec une fidélité qui vous honore, et je ne m'étonne pas de vous voir accourus si nombreux dans cette enceinte pour répondre à l'appel de votre zélé pasteur et célébrer comme il convient la mémoire de votre martyr.

Il m'est doux, pour ma part, de m'associer à l'hommage que vous rendez, à ce premier centenaire, au prêtre qui n'est pas seulement votre gloire, mais la gloire du Diocèse et de l'Eglise.

Vous rappeler sa vie, vous indiquer les résolutions qu'elle vous impose, tel est le sujet et le partage de ce discours.

I

Le 4 mai 1756 naissait, à Muneville-le-Bingard, Pierre-Adrien Toulorge.

Dieu plaça son berceau dans une de ces familles qui se distinguaient alors par l'honnêteté de la vie, le culte du devoir, l'attachement traditionnel à la religion catholique. Dans ce milieu, trop rare aujourd'hui, l'enfant contracta bientôt le germe de ces vertus qui font l'homme consciencieux, le chrétien convaincu qui s'avance dans la carrière, muni de l'arme victorieuse, comme dit le livre sacré, la foi. Si les documents sur les premières années de notre héros font défaut, nous savons du moins que tout jeune il appréciait déjà les charmes de la piété, qu'il se complaisait à écrire au bas des images reçues en récompense des maximes qui respiraient l'amour de Dieu dont son âme était pénétrée.

Ce que furent sa jeunesse cléricale et sa préparation au sacerdoce, nous pouvons le deviner par la dignité de son ministère, par les vertus dont il donna l'exemple, par le dévoûment qui jaillit sans relâche de son cœur d'apôtre.

Ordonné prêtre en 1780, il inspire une telle confiance qu'il est chargé des fonctions délicates de précepteur dans une des familles les plus honorables du pays, la famille Le Hérissier de Gerville. Quelle heureuse influence il dut exercer auprès de ses élèves, et en particulier de l'illustre antiquaire qui, par ses mérites et ses travaux, projeta plus tard sur l'histoire et les monuments de notre région une lumière si vive et si précieuse !

En 1783, l'abbé Toulorge est nommé vicaire de Doville. C'est là qu'il fit admirer son zèle, sa charité pour tous, riches et pauvres ; là qu'il se montra prêtre de Jésus-Christ, constamment appliqué à faire connaître Dieu, servir Dieu, aimer Dieu, à diriger les âmes dans les voies du ciel.

Mais cette vie, si pleine et si sainte qu'elle fût, ne suffit pas au désir de perfection qui dévore le jeune prêtre. Ce n'est point assez pour lui d'accomplir le précepte, il aspire à la pratique difficile et plus méritoire des conseils évangéliques.

Après quatre années d'un vicariat fécond, l'abbé Toulorge vient frapper à la porte de l'Abbaye de Blanche-Lande, où l'accueillent avec joie les fils de saint Norbert. — Il y vivait dans la paisible observation de la règle, dans la prière et les mortifications des Religieux Prémontrés, quand éclata la tempête révolutionnaire. Pour échapper à la fureur de la persécution, il quitte ce sol de France tant aimé, ce pays objet des plus tendres prédilections du Christ et qui porte aujourd'hui l'ingratitude jusqu'à rugir contre ses ministres, jusqu'à les condamner à la déportation ou à la mort.

C'est à Jersey que le Religieux banni va demander un refuge. De cette île hospitalière et voisine, il peut du moins, en mangeant le pain de l'amertume et des larmes, jeter un regard d'amour sur les rivages normands et chercher à l'horizon ceux qui lui demeurent si chers et qu'il sait exposés à de si formidables assauts.

Mais voici que la tempête souffle avec une violence nouvelle. Tout en proclamant avec emphase la liberté des cultes, le représentant du peuple dans le département, Le Carpentier, cet homme de sinistre mémoire et si justement appelé « le bourreau de la Manche, » lance un terrible décret : « Tout prêtre qui n'aura pas livré sur le champ ses lettres de prêtrise est déclaré suspect et doit être jeté en prison. »

Déjà le refus de prêter le schismatique serment qu'on exigeait d'eux avait contraint nombre de prêtres fidèles à s'éloigner. L'effroi causé par le décret nouveau s'empare de ceux qui jusque-là, malgré le danger, n'ont pas voulu laisser leur troupeau sans défense et sont demeurés cachés pour lui venir en aide. De plus en plus impuissants, de plus en plus menacés, ils se résignent enfin aux rigueurs de l'exil.

Voilà donc les brebis privées de leurs pasteurs. Qu'ils sont rares maintenant ceux qui restent, ceux qui bravent la mort suspendue sur leurs têtes ! L'abbé Toulorge apprend cette situation. C'en est trop pour son âme dont la devise est celle de S. Paul : *Si j'en pouvais sauver quelques-uns parmi eux !* Il n'y tient plus. Quel que soit le sort qui l'attend, il revient à Doville, où son souvenir est si vivant. Du fond de l'asile où la piété l'abrite, le bon prêtre répond à tous les appels et se prodigue pour tous les besoins.

A La Haye-du-Puits, un Club s'est donné la sinistre mission de propager les idées nouvelles, de surveiller les tièdes, de rechercher, de dénoncer les suspects, de les traîner devant les tribunaux et d'asseoir par la terreur le régime infernal qui s'impose à la France opprimée. L'abbé Toulorge le sait, il s'entoure de toutes les précautions que suggère la prudence : mais, chez lui, l'amour est plus fort que la mort.

Or, voilà qu'un jour un malade le réclame à Neufmesnil. Sous un vêtement de femme, il part aussitôt avec une couturière qu'on lui avait députée. Mais il fallait passer devant le moulin de Doville. Deux membres du Club s'y tenaient en observation.

L'un d'eux s'aperçoit qu'une des femmes porte des chaussures d'homme. Flairant vite un suspect, il envoie son compagnon chercher des renforts, s'attache lui-même aux pas des deux femmes et se poste aux abords de la maison où elles viennent d'entrer. En voyant sortir la couturière, il s'applaudit de sa démarche, certain qu'il a deviné juste.

Arrivent les gardes nationaux, munis de fusils et de sabres. L'abbé Toulorge, qui les aperçoit, n'a que le temps de se dissimuler sous un amas de joncs marins. Les gardes pénètrent dans l'habitation, l'inspectent dans tous ses coins et recoins, fouillent avec leurs armes, mais sans succès, l'amas de joncs marins. Déconcertés, ils vont se retirer, quand, sur les instances de celui qui les a mandés, ils poursuivent leurs recherches et détassent les joncs marins. L'abbé Toulorge est découvert.

« Qui êtes-vous, » demandent les séides ? — « Je suis, répond avec dignité M. Toulorge, je suis émigré, prêtre, ancien religieux de Blanche-Lande. » C'était signer son arrêt de mort. Les gardes nationaux, saisis par cette calme et courageuse réponse, n'osent le passer par les armes. Ils le conduisent à Coutances où il est enfermé dans la prison, qui regorgeait alors de victimes entassées par la rage de l'impiété révolutionnaire.

La loi qui frappait le Religieux était inexorable. Il avait émigré, son identité ne pouvait être contestée. C'était pour lui la mort dans les vingt-quatre heures, la mort sans appel. Le 12 octobre 1793, le futur martyr est traduit devant le tribunal. Les juges, qui savaient que l'abbé Toulorge était absolument étranger à la politique, que son seul crime était son zèle pour les âmes, voulaient le sauver. Ils l'interrogent de façon à ce que, par un léger mensonge, il pouvait échapper à la condamnation. Mais pour l'abbé, disciple du Dieu de vérité, point de compromis avec la conscience, point d'accommodement entre le oui et le non. Se soustraire à la mort par une équivoque ! Et que penseront les fidèles ? Quel exemple serait-ce leur donner ? Plutôt la mort que la forfaiture.

La sentence est prononcée. L'abbé Toulorge sourit à la mort, et, d'une voix assurée : *Deo gratias !* répond-il. Puis, s'adressant à ses juges : « Adieu, Messieurs, jusqu'à l'éternité bienheureuse, si vous vous en rendez dignes. »

Reconduit à la prison, il marche d'un pas si ferme, son visage respire une telle joie que, sur son passage, on le croit acquitté. C'est le même sentiment chez ses compagnons de captivité, auxquels il annonce d'une voix sereine que son procès est jugé en sa faveur.

Mais bientôt la vérité se fait jour. Alors, les soupirs éclatent, les larmes coulent de tous les yeux. Une religieuse présente exhale tout haut sa douleur : « Madame, lui dit le généreux confesseur de la foi, les larmes que vous versez sont indignes de vous et de moi. Que penseront les gens du monde s'ils savent qu'ayant tous deux renoncé au monde, nous avons de la peine à le quitter ? Si nous marquons de la répugnance à mourir, nous donnerons un mauvais exemple aux enfants du siècle, et notre découragement sera la perte du salut de beaucoup de pères et de mères qui pourront se trouver dans la même occasion. Apprenons-leur, par notre constance, ce qu'ils sont obligés de faire. Montrons-leur la foi victorieuse des supplices ; ouvrons-leur passage au ciel, au travers des derniers efforts de l'impie. »

Quel simple, mais quel noble et fier langage que celui-là, N. T. C. F. ? Comme on y sent la conviction, le courage, l'intrépidité de l'Apôtre qui, jusque dans les ombres de la mort, ne songe qu'à édifier ses frères pour les entraîner là-haut avec lui !

Le soir vient. Tranquille, comme si le lendemain ne devait pas être témoin de son supplice, il prend son repas avec ses compagnons ; un peu plus tard, il se confesse à M. Alix, curé de Montgardon, et reçoit de lui l'absolution suprême. Pendant qu'à ses côtés on se livre au repos, un rayon céleste vient éclairer les ténèbres de la prison. M. Toulorge en profite pour écrire trois lettres : la première à un ami, la seconde à son frère, la troisième à une de ses connaissances, puis il s'endort d'un sommeil profond.

Le lendemain, il se lève joyeux, déjeune comme de coutume, récite pieusement son bréviaire, s'entretient longtemps du ciel avec ceux qui l'entourent, dîne peu, chante avec ses confrères les Vêpres qu'il tient à entonner lui-même. A l'hymne de Complies il s'arrête à cette strophe :

O, quando lucescet tuus
Qui nescit occasum dies ?

O, quand luira, Seigneur, votre jour qui ne connaît pas de déclin ?

O, quando sancta se dabit
Quæ nescit hostem patria ?

O, quand me sera-t-elle donnée cette patrie qui ne connaît pas la haine ?

Il ferme son bréviaire et s'écrie, dans une sainte allégresse : « Dans un instant, ce jour va luire pour moi ! » « L'heure est venue, ajoute-t-il, il faut partir. »

Alors, N. T. C. F., se produit une scène digne des premiers âges de l'Eglise : il embrasse ses confrères. « Adieu, mes amis, dit-il. Adieu jusqu'à l'éternité ! » Ceux-ci tombent

à genoux, implorant sa bénédiction. Il les bénit, le visage déjà resplendissant d'une lumière divine. — Les gendarmes se présentent ; la victime les suit avec la docilité de l'agneau qu'on mène à la boucherie. Sur le parcours, les fenêtres se ferment ; tous les cœurs sont en deuil. Précédant le bourreau, M. Toulorge s'avance, heureux, comme autrefois les Apôtres, d'être immolé pour la cause de Jésus-Christ. Il ne marche pas, il vole ; il gravit les degrés de l'échafaud, fixe d'un œil calme et ferme l'instrument du supplice ; il lève le regard au ciel et s'écrie : « Mon Dieu, je vous recommande mon âme ! Mon Dieu, je vous demande la conservation et le rétablissement de votre sainte Eglise ! Pardonnez, je vous prie, à mes ennemis ! » Puis, il livre sa tête au bourreau. Elle tombe ; et sa belle âme s'envole au séjour des élus.

C'était le 13 octobre 1793. La victime avait 37 ans.

L'impiété croyait lui donner la mort : elle lui ouvrait les portes de la vie. *Vivent mortui tui.* Elle croyait anéantir sa mémoire : elle lui assurait le triomphe de l'immortelle résurrection. *Interfecti mei resurgent.*

Honneur à vous, glorieux témoin de Dieu ! Il n'y a qu'un instant, c'était l'échafaud : maintenant, c'est le trône, le sceptre et la couronne.

Honneur à vous, glorieux témoin du Christ ! Vous l'avez héroïquement confessé devant les hommes : maintenant il vous confesse magnifiquement devant son Père.

Honneur à vous, glorieux témoin de la sainte Eglise catholique ! Le sanglier sauvage s'acharnait à la dévaster, à l'exterminer. Vous la plantez de nouveau dans votre sang, vous la fécondez, vous lui communiquez une sève et une vigueur nouvelles. Votre sang, à vous aussi, sera bientôt une semence de chrétiens. L'Eglise qu'on veut tuer vivra. L'Eglise qu'on veut enfermer dans le tombeau soulèvera la pierre et ressuscitera comme son divin Epoux. *Vivent mortui tui, interfecti mei resurgent.*

Telle fut, N. T. C. F., telle fut la vie, telle fut la mort de celui dont vous célébrez, avec tant de raison, la mémoire. Une telle vie, une telle mort sont précieuses devant le Seigneur, mais précieuses aussi devant les hommes. Elles constituent, en effet, la prédication la plus persuasive, la plus éloquente, la plus irrésistible qui puisse retentir aux oreilles du cœur. Elles constituent un héritage qui est, pour votre paroisse en particulier, un titre immortel de noblesse.

Cet héritage, vous ne le laisserez pas dépérir entre vos mains ; vous aurez à cœur de le faire fructifier chaque jour. Mais comment ? En imitant les vertus dont votre martyr vous a donné l'exemple. Car, vous le savez tous : *Noblesse oblige.*

II

Les vertus qui distinguèrent notre héros sont, en quelque sorte, résumées dans ses lettres. Ces lettres, en effet, marquées au coin de la simplicité, de la fermeté, de la force chrétienne, révèlent en particulier chez M. Toulorge la foi, l'espérance, la charité, l'estime de la vie chrétienne, l'esprit de sacrifice et de prière.

La foi d'abord. « On vient de me lire, écrit-il, ma sentence de mort, à laquelle, suivant S. Cyprien, j'ai répondu : *Deo gratias !* Demain, à deux heures, je quitterai cette terre chargée d'abominations pour aller au ciel jouir de la présence de mon Dieu. Je serai heureux pour toujours ; je n'entendrai plus ces cris menaçants de mes ennemis, qui sont aussi ceux de mon Dieu et de mon Église. Hélas ! comment se peut-il faire que, tout pécheur que je suis, j'aie le bonheur d'être couronné du martyre ? Je confesse, ô mon Dieu, être très indigne d'une telle faveur ; mais que dis-je ? C'est le sort de ceux qui ont le bonheur d'être demeurés fidèles à la foi catholique, apostolique et romaine, à laquelle, par la grâce de Dieu, je suis extrêmement attaché. O Mère des chrétiens, qui seule avez droit de présenter des enfants au ciel, quelle joie pour moi d'être resté dans votre sainte maison pendant cette furieuse tempête ! »

Quelle foi, N. T. C. F. ! Comme elle éclate sincère, ardente, pénétrante, dans chacune de ces paroles !

Cette foi, la possédons-nous ? Savons-nous apprécier cet incomparable bienfait ? Qu'il est à plaindre celui qui ne possède pas cette lumière, ou qui, la possédant, vit comme ne la possédant pas ! On l'a dit avec raison : « L'homme sans croyance religieuse est le marin tenant une mer orageuse sous un ciel noir, sans gouvernail ni boussole. Rien ne peut être ferme et assuré dans ses actes. S'il s'étourdit et rejette les grands problèmes de nos destinées, pour s'emporter dans le tourbillon des choses présentes, il vit de la vie de la brute. S'il n'a pas encore descendu cet abîme dégradant, s'il pense encore, fatalement des incertitudes poignantes feront de son âme une barque désemparée et vide que les flots poussent en tous sens sur un océan désert. Il en est qui croient sans agir, qui trahissent, au profit de leurs vices ou de leur nonchalance, les enseignements de Dieu : ce sont les lâches transfuges de la foi. » De grâce, N. T. C. F., ne soyez ni de ces lâches transfuges, ni de ces hommes semblables à la brute, ni de ces indifférents qui vivent en dehors de Dieu, tout entiers aux faux biens du présent, et qui ne se réveillent qu'en face de la mort. Soyez au contraire de ces vaillants dont on a tracé ce noble portrait : « Le chrétien, c'est l'homme complet. Il croit et pratique ; il croit, et parle comme il croit, agit comme il croit, souffre, lutte, triomphe comme il croit et parce qu'il croit. Il a vu Dieu, son âme, sa destinée éternelle. Rien au monde ne peut l'arrêter, dans le chemin qu'il parcourt pour faire leur immortelle conquête. Cette puissance de la foi, l'élan qu'elle imprime, les forces divines qu'elle communique, les hauteurs qu'elle fait franchir, les héroïsmes où elle pousse et soutient, ont fait dire de la foi : « qu'elle est le fondement et la racine de la justification. » Paroissiens de Muneville, demeurez, comme votre martyr, fidèles à Dieu, fidèles à l'Eglise, afin de pouvoir, à l'heure de la mort, chanter avec lui : Quelle joie pour nous d'être restés dans votre sainte maison, ô Mère des chrétiens, pendant les tempêtes de la vie !

La seconde vertu de notre héros, c'est l'espérance. Entendez-le plutôt à l'heure de la mort : « Ce qui est ma consolation maintenant, c'est que Dieu me donne une joie et une sérénité très grande ; et ce qui me fortifie, c'est l'espérance que bientôt je posséderai mon Dieu. »

Cette espérance, N. T. C. F., elle est aujourd'hui le partage du petit nombre. Et pourtant, comme elle est nécessaire ! Pour quelques rayons de soleil qui viennent éclairer notre horizon, que de nuages sombres et de noires tempêtes ! Entre le berceau et la tombe, ces deux extrêmes, parfois si rapprochés, il y a place pour tant d'épreuves, de gémissements et de douleurs. Comment porter courageusement le poids de tant de souffrances ? Que d'autres désertent lâchement le devoir, trahissent leur mission et se jettent dans les bras du désespoir ! Pour vous, chrétiens, souvenez-vous de M. Toulorge. Souvenez-vous de ses suprêmes paroles, en face de l'échafaud : « Ce qui me fortifie, c'est l'espérance que bientôt je posséderai mon Dieu. »

O vous à qui la pauvreté fait sentir ses rigueurs, vous qui connaissez la faim, les privations et la misère, dites-vous avec confiance : Bientôt je posséderai mon Dieu ! O vous que les labeurs écrasent, qui pliez sous le poids de la chaleur et du jour, dites-vous avec confiance : Bientôt je posséderai mon Dieu !

O vous que les chagrins amers, que les angoisses poignantes ne cessent d'accabler, vous dont le cœur saigne, vous que la vie fatigue et ennuie, dites-vous avec confiance : Bientôt je posséderai mon Dieu !

O vous que la langueur épuise, que la maladie consume et que les plaies dévorent, dites-vous avec confiance : Bientôt je posséderai mon Dieu !

O vous tous qui pleurez, vous tous qui souffrez, dites-vous avec une confiance pleine d'immortalité : Bientôt je posséderai mon Dieu.

Qui que vous soyez, quoique vous enduriez, ne cherchez

pas votre remède dans les consolations impuissantes et vides que la terre peut vous offrir. Les consolateurs humains sont trop souvent onéreux, comme le proclamait Job. Le présent passe et s'évanouit. Le ciel seul demeure. Tenez haut le drapeau de l'espérance. Cherchez la résignation et la force dans les biens qu'elle vous promet. Dites-vous, à votre tour : Bientôt je posséderai mon Dieu !

La troisième vertu dont M. Toulorge nous a donné l'exemple, c'est la charité, la charité qui prescrit à la fois l'amour de Dieu et l'amour du prochain.

Dieu, comme notre martyr l'aima pendant sa vie ! Comme il l'aima dans sa mort ! — L'amour se prouve par les œuvres. Est-ce que la vie de M. Toulorge n'est pas, du commencement à la fin, un acte de dévoûment à Dieu, d'immolation à son service ? Pour lui les préceptes divins priment tout. Si, pour éviter la mort, il suffit d'un léger mensonge, eh bien, mieux vaut mourir que désobéir à la loi de Dieu. O prêtre fidèle, vous avez héroïquement démontré que l'amour est plus fort que la mort !

La leçon, N. T. C. F., est aujourd'hui plus que jamais nécessaire. Qu'ils sont rares, en effet, les vrais amis de Dieu ! Aimer Dieu, c'est penser à lui. Quelle place tient-il dans notre esprit ? Quel temps lui donnons-nous chaque jour ? N'est-il pas trop souvent le suprême délaissé ? Aimer Dieu, c'est le servir. Combien qui s'insurgent contre son autorité ? Aimer Dieu, c'est lui donner son cœur, ses affections, sa reconnaissance. Combien qui reçoivent tout sans regarder la main qui donne, sans adresser au bienfaiteur le moindre merci !

Instruisons-nous à l'école de M. Toulorge, N. T. C. F. Apprenons à aimer Dieu comme lui !

La charité nous fait de plus un devoir d'aimer le prochain. Qui donc, mieux que notre martyr, a compris et rempli ce devoir ? Il va quitter sa prison pour monter à l'échafaud : « Mes chers amis, dit-il à ses confrères, je ne vous oublierai pas, je demanderai à Dieu qu'il vous protège ; je le prierai pour vous, pour mes bienfaiteurs, mes amis et mes ennemis. » Regardez-le en face de la mort, prêt à poser sa tête sous le couperet. Quelle est sa dernière prière ? Celle du Sauveur sur la croix : « Mon Dieu, pardonnez, je vous prie, à mes ennemis ! »

Quel exemple, N. T. C. F. ! S'il était suivi parmi nous, verrait-on ces inimitiés parfois implacables qui séparent les hommes baptisés, rachetés au prix du sang de Jésus-Christ ? Verrait-on la famille en proie à la discussion, à la discorde, à la haine ? Verrait-on le pays livré aux divisions, aux partis acharnés les uns contre les autres, aux basses convoitises, aux hypocrites délations, aux égoïsmes jaloux et cruels, à toutes ces passions, en un mot, qui désolent le présent et compromettent l'avenir ?

Ah ! ne l'oublions pas, N. T. C. F., la charité, c'est plus qu'un conseil ; c'est une loi, une loi de salut et de vie. La charité, c'est la vie de Dieu, c'est la vie de la société, c'est la vie de la famille, c'est la vie de l'homme ; car il est écrit : Celui qui n'aime pas demeure dans la mort.

Sachons donc, à la suite de M. Toulorge, prier, non pas seulement pour nos bienfaiteurs et nos amis, mais pour nos ennemis eux-mêmes. Sachons nous aimer en frères. Et bientôt nos maladies, ces maladies qui nous font mourir, seront guéries, nos périls conjurés, nos ruines restaurées.

Mais, pour atteindre ce but, il faut que la vie chrétienne rentre dans nos mœurs ; et telle est la leçon que nous donne encore à sa dernière heure le prêtre admirable dont le souvenir nous réunit.

C'est son frère qu'il invite à pratiquer cette leçon : « Ce n'est pas, lui dit-il, aux biens périssables qu'il faut s'attacher. Tourne donc tes yeux vers le ciel ; vis en honnête homme et surtout en bon chrétien. Elève tes enfants dans la sainte religion catholique, apostolique et romaine, hors de laquelle il n'y a point de salut. »

Il est facile, N. T. C. F., de se dire honnête homme. Beaucoup, nous le savons, croient pouvoir s'arroger ce noble titre, uniquement parce qu'ils respectent la vie et la propriété d'autrui. Malheureux, qui ne songent pas que la loi, même naturelle, prescrit d'autres obligations que celles qui regardent le prochain ! Ils se proclament honnêtes ! Et ils ne connaissent plus ni l'adoration, ni la prière ; et ils profanent indignement le nom du trois fois Saint ; et ils profanent le dimanche ; et ils profanent leur âme ; et ils profanent leur corps ! Ah ! comme ils ont besoin de comprendre dans toute son étendue la leçon de M. Toulorge : Vis en honnête homme ! Comme ils ont besoin de comprendre que, pour vivre en honnête homme, il faut vivre en bon chrétien !

Or, N. T. C. F., qu'est-ce que vivre en bon chrétien ? C'est croire ce qu'enseignent Jésus-Christ et l'Eglise ; c'est pratiquer ce que commandent Jésus-Christ et l'Eglise ; c'est recourir aux sources que tiennent ouvertes, pour fortifier notre faiblesse, Jésus-Christ et l'Eglise ; c'est, en un mot, se pénétrer de Jésus-Christ, se conformer à ses préceptes et à ses exemples.

Qu'il y a loin, N. T. C. F., de la conduite du grand nombre à cette vie vraiment chrétienne ! De grâce, répudions le paganisme qui nous envahit ; répudions ces appétits qui tiennent de l'animal ; répudions les jouissances des sens ; répudions la chair et laissons l'esprit gouverner. La chair abaisse ; elle dégrade, elle tue. L'esprit élève, ennoblit et vivifie. Reprenons donc avec énergie les habitudes chrétiennes. Vivons, comme le demandait M. Toulorge à son frère, vivons en bons chrétiens.

Pour opérer cette indispensable régénération, élevez vos enfants dans la sainte religion catholique, apostolique et romaine, hors de laquelle il n'y a point de salut.

Nous ne savons que trop, hélas ! les efforts sataniques de l'impiété pour élever l'enfance en dehors de cette religion sainte. Nous ne savons que trop les orages qui grondent, le mal qui s'opère, les ruines qui fatalement et à bref délai, par suite de l'éducation sans Dieu, s'entasseront dans notre malheureux pays. Et quoi ! prétendre élever sans Dieu l'enfant qu'il a créé, livrer cet enfant à lui-même, sans boussole pour le diriger, sans frein pour comprimer ses passions, le jeter sans armes au milieu de la mêlée, le laisser grandir sans convictions et sans autres principes de morale que la crainte des lois humaines qu'il peut éluder, du châtiment qu'il peut éviter, de l'opinion si facile à égarer ! C'est là, N. T. C. F., plus qu'une monstrueuse ingratitude envers le Créateur ; c'est un péril effroyable pour l'enfant, pour les parents et pour la société. Comme il avait raison le moraliste (Joubert), quand il écrivait : « Eloignez les enfants de cette morale qui ressemble à une eau qui n'a pas de source, et ne leur faites boire que des eaux vives. » Comme il avait raison, quand il ajoutait : « Souvenez-vous qu'il faut les rendre raisonnables et non raisonneurs ; que la direction de notre esprit est plus importante que son progrès, et qu'il n'y a aucun moyen d'enseigner la vertu sans la piété ! »

Voulez-vous, N. T. C. F., inspirer à vos enfants le respect, l'obéissance, l'amour, tous ces sentiments qui assureront, avec leur dignité, votre propre bonheur, et qui prépareront à la France les honnêtes et fortes générations dont elle a besoin ? Pratiquez consciencieusement le conseil de M. Toulorge à son frère : « Elevez vos enfants dans la sainte religion catholique, apostolique et romaine, hors de laquelle il n'y a point de salut. » Faites-en de bons chrétiens ! c'est le moyen d'en faire de bons fils et de bons Français.

Mais, pour en arriver là, pour les faire vivre et pour vivre vous-mêmes de la vie chrétienne, regardez encore, regardez toujours notre héros.

Point de vie chrétienne sans combat et sans sacrifice. M. Toulorge s'est engagé vaillamment dans la carrière. Sa vie, comme celle du Maître, n'a été qu'une croix et un martyre. Marchez généreusement sur ses traces.

Il le faut, car Jésus-Christ a dit : Si quelqu'un veut être mon disciple, qu'il se renonce lui-même, qu'il porte sa croix et qu'il me suive.

Il le faut, car tous nous avons péché. Le péché réclame une expiation, et cette expiation ne peut s'accomplir que par la souffrance.

Il le faut, car le ciel ne s'ouvre qu'à ceux qui se font violence, et c'est par le courage de la pénitence et de la mortification que le ciel est emporté d'assaut.

Prétexterez-vous votre faiblesse, N. T. C. F. ? Votre compatriote, après tout, était homme comme vous. — Reculerez-vous devant les croix que la Providence vous impose ? M. Toulorge a-t-il reculé devant l'échafaud ? Mais où donc a-t-il puisé la force ? Il l'a demandée à la prière. Contemplez-le, dans sa prison, récitant son bréviaire avec une ferveur angélique. Et bien, N. T. C. F., priez vous-mêmes, priez avec ferveur. Et la force descendra dans votre impuissance pour la relever, pour la rendre capable de résister à l'ennemi, de vaincre le mal par le bien. Et après les peines et les combats de la vie présente, ce sera pour vous, comme pour notre héros, ce sera la palme, ce sera le ciel.

Ce mémorable anniversaire est marqué pour vous, paroissiens de Muneville, par une insigne faveur.

Voici que vont en effet pour vous s'ouvrir les pieux exercices d'une mission. Vous saurez apprécier un tel bienfait ; vous saurez le mettre à profit.

La mission, N. T. C. F., c'est Jésus-Christ qui passe, Jésus-Christ qui appelle, qui parle, qui guérit et opère des miracles de grâces.

Saluez donc, dans la présence de vos Missionnaires, Jésus-Christ qui les envoie.

Ecoutez leur parole, non pas comme une parole humaine, mais comme la parole même de Jésus-Christ.

Recourez à leur ministère, comme au ministère même de Jésus-Christ.

Qu'arrivera-t-il alors ? Les aveugles verront ; les chancelants et les boiteux marcheront d'un pas ferme et droit. Les sourds entendront ; les lépreux seront guéris ; les ignorants seront évangélisés ; les morts ressusciteront.

Fils de cette belle paroisse, montrez-vous hommes de bonne volonté : la paix descendra sur votre terre.

Et vous qui, du haut du ciel, contemplez cette fête qui est la vôtre et recueillez les hommages qui vous sont offerts, pourriez-vous être insensible à nos besoins ? De là-haut, vous nous entendez. De là-haut, vous continuez aux vôtres une tendre et profonde affection. De là-haut, vous vous intéressez à leur salut.

O glorieux martyr, parlez pour eux au Seigneur ! Parlez pour ces jeunes gens, pour ces hommes faits, pour ces vieillards, pour ces jeunes vierges, pour ces mères dont la tâche est aujourd'hui si lourde. Parlez pour vos concitoyens et vos frères !

Portez à Dieu les vœux ardents du pasteur, les supplications instantes des missionnaires.

O glorieux martyr, obtenez que les morts recouvrent la vie, que les victimes du péché ressuscitent !

Vivent mortui tui, interfecti mei resurgent. Ce sera le plus beau couronnement de ce magnifique centenaire ; ce sera le gage de salut pour ceux que vous aimez ; ce sera le gage, après les épreuves de la terre, de la réunion avec vous dans les joies et les triomphes de l'Eternité. — *Amen.*

Telle fut la prière que Monseigneur adressa au glorieux Martyr. La foule était dans le ravissement ; et au sein de cette multitude, où beaucoup d'hommes n'avaient pu trouver place pour s'asseoir commodément, le silence le plus profond ne cessa pas un instant de régner. Il semblait qu'après un siècle écoulé, le terrible spectre de la mort, terrassé par la grande figure du Martyr, reparaissait comme aux jours de la Terreur.

La cérémonie s'acheva dans le plus complet recueillement. Le midi, un repas de 35 couverts réunissait au presbytère, sous la présidence de Monseigneur, les prêtres qui avaient assisté à la cérémonie, avec les membres de la municipalité et du conseil de fabrique. Parmi eux avait pris place un jeune homme représentant la famille Toulorge, un arrière-petit-neveu du martyr.

Aux Vêpres, la foule semblait avoir encore augmenté. Ce fut devant une assistance magnifique que le supérieur des Missionnaires de Notre-Dame-sur-Vire fit l'ouverture de la Mission. Le R. P. Vautier sut profiter de la disposition des esprits ; et, dans une instruction solide, il montra combien l'œuvre du salut doit dominer, pour chacun de nous, toutes les joies et toutes les préoccupations de la vie.

Le Salut fut chanté, comme les Vêpres, par ces vaillantes poitrines d'hommes, avec ces accents qui donnent tant de majesté aux solennités chrétiennes, quand les émotions de la foi se raniment dans les cœurs.

A la fin de la cérémonie, deux enfants qui portent le nom du martyr adressèrent à Monseigneur leurs compliments. Le Prélat fit observer à ces enfants que leur parenté avec l'abbé Toulorge est un vrai titre de noblesse ; il exprima l'espoir que ce nom serait toujours porté par eux avec la dignité qui convient. Sa Grandeur adressa un dernier mot à la foule qui remplissait l'église, exhortant les habitants de Muneville à vivre toujours en fiers et bons chrétiens, pour rester dignes de celui qu'ils ont glorifié avec tant de zèle et d'enthousiasme.

Les assistants, demeurés sous le charme de la parole épiscopale, suivirent en masse le cortège qui se rendait au presbytère ; ils venaient chercher là une dernière bénédiction. Monseigneur voulut bien dire encore qu'il était enchanté de leur réception et de leur bonne tenue. Tous les visages laissaient suffisamment voir de quelle joie la foule était remplie ; chacun se demandait ce qu'il fallait louer davantage, ou l'éloquence, ou l'exquise bonté du Prélat. L'une et l'autre, en tout cas, ont fait de ce jour une fête dont le souvenir restera impérissable à Muneville-le-Bingard.

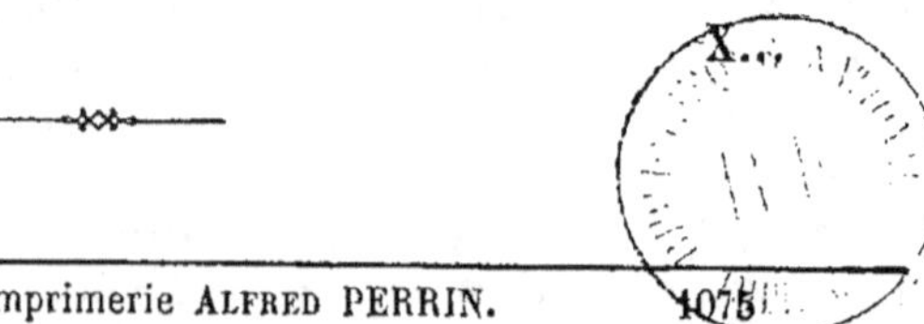

Avranches. — Imprimerie ALFRED PERRIN.